Ease Japan / Japan for Tourists

By

Aurora Mizutani

Italian Translation by Giorgio Fragiacomo

  Guide to being a tourist in Japan in the 21ˢᵗ Century
by
Aurora Mizutani

3   Guide to being a tourist in Japan in the 21st Century
by
Aurora Mizutani

This 2022 Guide is written in Japanese and English by the author Aurora Mizutani and translated into Italian by Giorgio Fragiacomo.

Aurora Mizutani, an English Literature and Creative Writing graduate of the London metropolitan university attended Kansai Gaidai university in Osaka. Mizutani is an emerging pen of contemporary English literature, already known for her original autobiography written under a pseudonym.

Giorgio Fragiacomo is an Italian entrepreneur of international standing.

It is an inspiring, compact satirical guide to Japan in the 21st century, and is accompanied by stick figure illustrations that tantalize and invite the reader into a world of light-hearted and whimsical humour.

The formulation of the guide offers levity and does not follow any chronological order, while its non-linear approach compels us into its cheerful wandering.

This work nonetheless provides some insight into Japanese culture, explores native practices, and briefly points to new social norms imposed by variants of the coronavirus.

Happy reading and welcome to Japan!

Questa Guida 2022 è scritta in giapponese e inglese
dall'autrice Aurora Mizutani e tradotta in italiano da
Giorgio Fragiacomo.

Aurora Mizutani, laureata in Letteratura Inglese e
Scrittura Creativa alla London Metropolitan University,
ha frequentato la Kansai Gaidai University di Osaka.

Mizutani è una penna emergente della letteratura inglese
contemporanea, nota già per la sua originale autobiografia
scritta sotto pseudonimo.

Giorgio Fragiacomo è un imprenditore italiano di livello
internazionale.

Questa è una stimolante guida satirica del XXI secolo,
molto compatta, ed è accompagnata da illustrazioni
stilizzate che stuzzicano e invitano il lettore in un mondo
di umorismo allegro e stravagante.

La formulazione della guida offre leggerezza, non segue
alcun ordine cronologico, mentre il suo approccio non

by
Aurora Mizutani

lineare ci invita a seguirla nel suo errabbondare scanzonato.

Questo lavoro fornisce comunque una certa comprensione della cultura giapponese, esplora le pratiche native e indica brevemente le nuove norme sociali imposte dalle varianti del coronavirus.

Buona lettura e benvenuti in Giappone!

by
Aurora Mizutani

BY THE SAME AUTHOR AURORA MIZUTANI

DELLA STESSA AUTRICE AURORA MIZUTANI

Guide to being a tourist in Japan in the 21st Century
by
Aurora Mizutani

by
Aurora Mizutani

   Guide to being a tourist in Japan in the 21st Century
by
Aurora Mizutani

by
Aurora Mizutani

AURORA MIZUTANI
ANTHOLOGY OF
SHORT STORIES
ENEMIES
OF THE
CULT

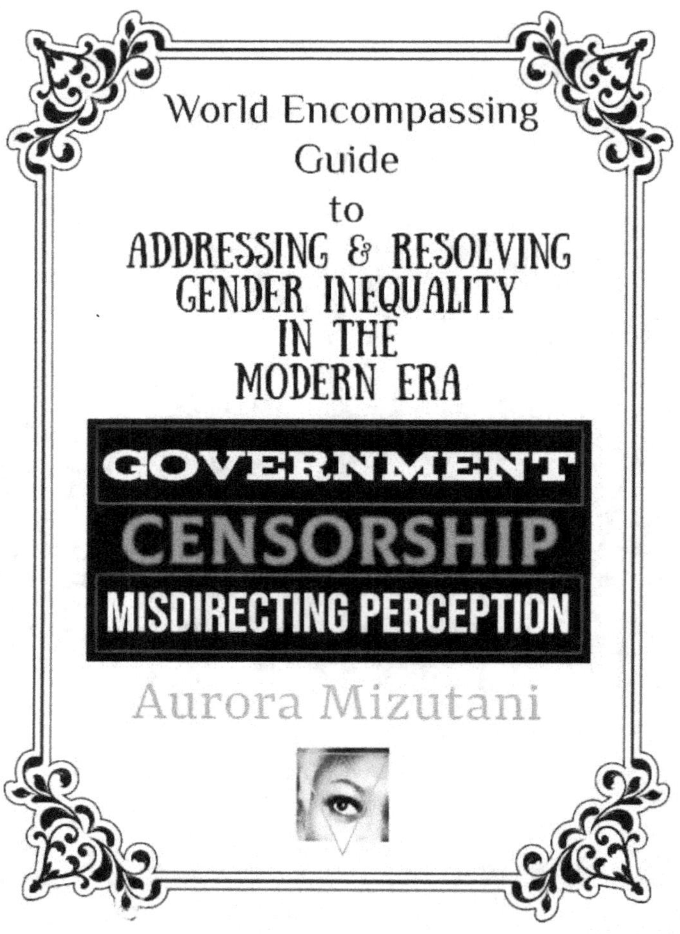
World Encompassing
Guide
to
ADDRESSING & RESOLVING
GENDER INEQUALITY
IN THE
MODERN ERA
GOVERNMENT
CENSORSHIP
MISDIRECTING PERCEPTION
Aurora Mizutani

Aurora Mizutani
& Giorgio
Fragiacomo
21st Century
Guide to being a tourist in Japan
日本を観光するためのガイド
日本語
English
Italiano
Easy Japan

by

Aurora Mizutani

Ease Japan / Japan for Tourists

By

Aurora Mizutani

Italian Translation by Giorgio Fragiacomo

by
Aurora Mizutani

Happy reading and welcome to Japan!

Buona lettura e benvenuti in Giappone!

21st Century Guide to being a tourist in Japan

Guida per essere un turista in Giappone nel XXI secolo

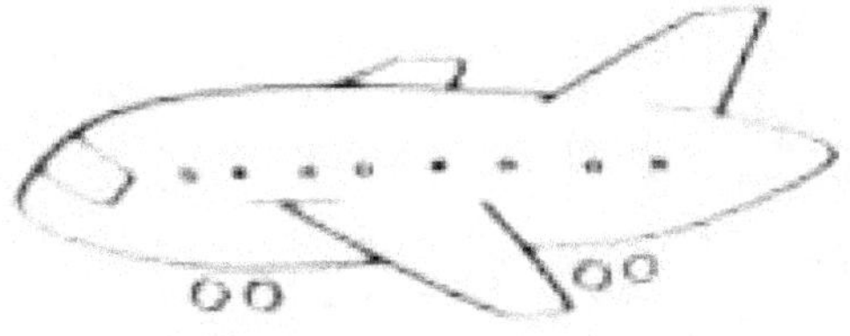

18 Guide to being a tourist in Japan in the 21ˢᵗ Century
by
Aurora Mizutani

Facebook: Japan for Dummies - 21ˢᵗ Century Guide to being a tourist in Japan

AJALA LEGACY FORUM PUBLISHING HOUSE

by
Aurora Mizutani

Second Paperback Edition 2022
Front Cover Copyright ©2022 Ajala Legacy Forum
Illustrations Copyright ©2022 Ajala Legacy Forum
Edited by Ajala Legacy Forum
Layout by Ajala Legacy Forum
Published by Ajala Legacy Forum

Facebook: Japan for Dummies– 21st Century Guide to being a tourist in Japan

by
Aurora Mizutani

Facebook: Japan for Dummies – 21st Century Guide to being a tourist in Japan

21 Guide to being a tourist in Japan in the 21st Century
by
Aurora Mizutani

Disclaimer

This book is essentially a surreal and humorous satirical parody.

It is intended for entertainment purposes only and does not pretend (or intend) to reflect the views of foreigners or the Japanese people in general.

Therefore, the contents of this guide should not be taken literally, or even less as evidence of the authors' linguistic fluency, writing skills, political affiliation, or cultural beliefs.

On that note, anyone who promises to teach you the Japanese language in less than two months should be considered a better storyteller than the authors of this guide!

This is a general guide. Further information may also be required before booking travel.

This work includes jokes that may be considered profane, vulgar or offensive to some readers. This is not the intention of the writer, but to amuse and intrigue!

The "discretion" of the reader is advised...

Disclaimer

Il contenuto di questo libro è da considerarsi essenzialmente come una satira o parodia dal carattere un po' surreale e soprattutto umoristica.

L'autore ha scritto questa guida al solo scopo di intrattenimento e non pretende (né si prefigge) di riportare opinioni degli stranieri o del popolo giapponese in generale.

I contenuti di questa guida non devono quindi essere presi alla lettera, o tantomeno come prova della fluidità linguistica, dell'appartenenza politica o delle convinzioni culturali degli autori.

Tieni presente, dunque, che chiunque prometta di insegnarti la lingua giapponese in meno di due mesi dovrebbe essere considerato un narratore migliore degli autori di questa guida!

Questa è una guida generale. Potrebbero inoltre essere richiesti ulteriori indicazioni prima di prenotare il viaggio.

Questo lavoro include barzellette che possono essere considerate profane, volgari o offensive per alcuni lettori. Non è questa l'intenzione di chi scrive, ma divertire e incuriosire!

Si consiglia la "discrezione" del lettore...

  Guide to being a tourist in Japan in the 21st Century
by
Aurora Mizutani

24 Guide to being a tourist in Japan in the 21ˢᵗ Century
by
Aurora Mizutani

Please visit "History of Japan" on YouTube
https://youtu.be/Mh5LY4Mz15o
and YouTuber: "Japanese Comedian Meshida", for more like-
minded nonsense...

25 Guide to being a tourist in Japan in the 21ˢᵗ Century
by
Aurora Mizutani

Si prega di visitare "History of Japan" su YouTube
https://youtu.be/Mh5LY4Mz15o
e YouTuber: "Japanese Comedian Meshida", per umorismo affine
e altre stronzate...

Table of contents

1. Foreigners in Japan
2. Foreigners married to Japanese and living in Japan
3. Life in Japan before and after Covid

Sommario

1. Stranieri in Giappone
2. Stranieri sposati con giapponesi e residenti in Giappone
3. La vita in Giappone prima e dopo il Covid

by

Aurora Mizutani

Foreigners in Japan

Stranieri in Giappone

1

Japanese native meets international Tourists.
Nativo giapponese incontra turisti internazionali.

When a foreigner in Japan is approached by the Japanese, we are presented with one of two scenarios.

Quando uno straniero in Giappone viene avvicinato dai giapponesi, si può presentare uno dei due scenari.

by
Aurora Mizutani

2

The foreigner has dug a hole for himself and his interlocutor.

Lo straniero ha scavato una buca per sé e per il suo interlocutore.

Scenario 1:
"Where are you from?
"I'm sorry I don't speak Japanese."
In this first scenario, the foreigner becomes acutely aware of his ignorance of the language and culture. The Japanese might feel disappointed, and the foreigner will have dug a hole for himself and his interlocutor.

Scenario 1:
"Di dove sei?
"Mi dispiace non parlo giapponese."

In questo primo scenario, lo straniero diventa acutamente consapevole della sua ignoranza riguardo la lingua e cultura.
Il giapponese potrebbe sentirsi deluso, e lo straniero, in questo modo, avrà scavato una buca per sé e per il suo interlocutore.

by
Aurora Mizutani

3
Let the dog have the bone.
Lascia che il cane abbia l'osso.

Scenario 2:
"Where are you from?"
"Italian!"
"Your Japanese is good!"
The foreigner misleads the interlocutor by trying to respond in limited Japanese because the conversation is unlikely to go any further.
Foreigners should allow the Japanese to show off their foreign language proficiency by "giving the dog a bone".
By replying in English, you can encourage the Japanese natives to practice their English without disappointing them.

Scenario 2:
"Di dove sei?"
"Italiano!"
"Il tuo giapponese è buono!"

Lo straniero inganna l'interlocutore cercando di rispondere in un giapponese limitato perché è improbabile che la conversazione prosegua.
Gli stranieri dovrebbero permettere ai giapponesi di mostrare la loro conoscenza della lingua straniera inglese come quando "diamo un osso ad un cane".
Rispondendo in inglese, puoi incoraggiare i nativi giapponesi a praticare il loro inglese evitando di deluderli e facendoli sentire fieri di se.

by
Aurora Mizutani

4

Japanese talking to random foreigners.
Giapponese che parla con stranieri sconosciuti.

When Japanese natives see a foreigner in Japan, they think they have the right to ask the following intrusive questions:
1.   Ask where the foreigner is from and when they will be leaving Japan.
To a foreigner, this translates to:
"I hope you are not planning to stay in Japan."
2.   Ask why the foreigner came to Japan.
To a foreigner, this translates to:
"Is there a valid reason for you to be in Japan?"
By answering with the word "sightseeing" the foreigner provides reassurance to the Japanese native that they will depart from Japan sooner rather than later.

Quando i nativi giapponesi vedono uno straniero in Giappone, pensano di avere il diritto di porre le seguenti domande invadenti:

1. Chiedere da dove viene lo straniero e quando lascerà il Giappone.
Per uno straniero, questo viene colto come un:
"Spero che tu non abbia intenzione di rimanere in Giappone".
2. Chiedere perché lo straniero è venuto in Giappone.
Per uno straniero, questo si traduce in:
"C'è un motivo valido per te per essere in Giappone?"
Rispondendo con la parola "visita turistica", lo straniero rassicura il nativo giapponese che partirà dal Giappone prima piuttosto che dopo.

5

Middle-aged Japanese salarymen often invite foreign females to go to a hotel.

Gli Impiegati giapponesi di mezza età spesso invitano le donne straniere ad andare in albergo insieme.

Side note:
The middle-aged salaryman will usually only approach a foreign female to ask if she wants to go to a hotel with him. This translates to: "I want to be a pervert with a foreigner."
It is strongly recommended that the foreign female politely decline the middle-aged salary man's offer and avoid disappointment and trauma.

Nota a margine:
L'uomo con stipendio fisso di mezza età di solito si avvicina solo a una donna straniera per chiederle se

vuole andare in albergo con lui. Questo si traduce in:
"Voglio fare sesso con una straniera".
Si raccomanda vivamente che la donna straniera rifiuti
educatamente l'offerta dell'uomo di mezza età ed eviti
delusioni e traumi.

6
Foreigners with Tattoos.
Stranieri con tatuaggi.

Foreigners cannot display their tattoos in public baths regardless of the fact that nudity in saunas is mandatory.
Foreigners should have their tattoos surgically removed before travelling to Japan so as not to upset the Japanese natives.
If the foreigner cannot keep his tattoos covered then the foreigner should not have come to Japan.

Gli stranieri non possono esibire i propri tatuaggi nei bagni pubblici indipendentemente dal fatto che la nudità nelle saune sia obbligatoria.

by
Aurora Mizutani

Gli stranieri dovrebbero farsi rimuovere chirurgicamente i tatuaggi prima di recarsi in Giappone per non turbare i nativi giapponesi.
Se lo straniero non può tenere coperti i suoi tatuaggi, allora lo straniero non sarebbe dovuto venire in Giappone.

7

Foreigners on Japanese public transport should be mindful of their body odour.

Gli stranieri sui mezzi pubblici giapponesi dovrebbero prestare attenzione al loro odore corporeo.

Foreigners on Japanese public transport should be mindful of their body odour.
Regardless of the nature of the body odour, the foreigner should not emit the smell of body sweat or deodorizer.
If the foreigner cannot control his body odour the foreigner should not have come to Japan.

Gli stranieri sui mezzi pubblici giapponesi dovrebbero prestare attenzione al loro odore corporeo.

Indipendentemente dalla natura dell'odore corporeo, lo straniero non dovrebbe emettere odore di sudore corporeo o deodorante.
Se lo straniero non fosse riuscito a controllare l'odore del suo corpo, lo straniero non sarebbe dovuto venire in Giappone.

by
Aurora Mizutani

8

Foreigners are advised not to encourage the Chikan unless he happens to be very attractive.
Si consiglia agli stranieri di non incoraggiare il Chikan a meno che non sia molto attraente.

Japanese Chikan are directly connected to hentai.
"Hentai" is Japanese pornography.
Chikans are male perverts highly knowledgeable of "Hentai".
For financial reasons, a Chikan cannot afford to engage the services of a sex worker.
As a result, the Chikans who are pornography experts are always researching by trying to grope unsuspecting females.
Foreigners are advised not to encourage the Chikan unless he happens to be very attractive.
The average Japanese molester is relatively harmless.
So, if your Chikan looks like Brad Pitt, we suggest that you consider your options!

I chikan giapponesi sono direttamente collegati all'hentai.
"Hentai" è pornografia giapponese.

by
Aurora Mizutani

I chikan sono pervertiti maschi altamente esperti di "Hentai".
Per motivi finanziari, un Chikan non può permettersi di
assumere i servizi di una prostituta.
Di conseguenza, i chikan che sono esperti di pornografia fanno
sempre ricerche cercando di palpeggiare femmine ignare.
Si consiglia agli stranieri di non incoraggiare il Chikan a meno
che non sia molto attraente.
Tutta via il molestatore giapponese medio è relativamente
innocuo.
Quindi, se il tuo Chikan assomiglia a Brad Pitt, ti suggeriamo di
riconsiderare la tua opinione e pensarci però prima di cacciarlo
in malo modo!

9
Foreigners are being glared at.
In Giappone gli stranieri sono occultati dagli anziani giapponesi.

Foreigners cannot tell the difference between a friendly stare and a pointed glare.
Foreigners should accept that Japanese people will stare even if it is rude.
If foreigners don't like to be stared at, they should not have come to Japan.
Foreigners might not be stared at in Tokyo because it is a cosmopolitan city.

Gli stranieri non riescono a distinguere tra uno sguardo amichevole e uno sguardo fisso.
Gli stranieri dovrebbero accettare che i giapponesi fissino chiunque, pur sembrando scortesi, in quanto se

agli stranieri anche non piacesse essere fissati, non sarebbero mai dovuti venire in Giappone.
Gli stranieri potrebbero non essere guardati a Tokyo perché è una città cosmopolita.

10

The Japanese often ask foreigners intrusive questions.

I giapponesi spesso fanno domande invadenti agli stranieri.

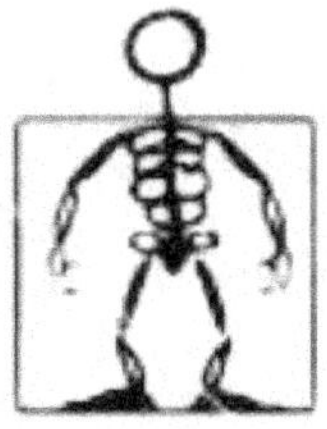

Japanese politeness should not be confused with friendliness.

The foreigner should be prepared to answer intrusive questions from the Japanese.

If the foreigner does not want to confide in a Japanese person that they have just met and that might use the information to discredit the foreigner, then the foreigner should not have come to Japan.

La gentilezza giapponese non deve essere confusa con la cordialità.

Lo straniero dovrebbe essere pronto a rispondere alle domande invadenti dei giapponesi.

Se lo straniero non vuole confidarsi con una persona giapponese che ha appena incontrato e che potrebbe utilizzare le informazioni per screditare lo straniero, allora lo straniero avrebbe dovuto pensare di starsene a casa propria e non venire in Giappone.

Foreigners married to Japanese and living in Japan

Stranieri sposati con giapponesi e residenti in Giappone

11
Language barriers can be surprisingly convenient when wanting to avoid confrontation.
Le barriere linguistiche sono sorprendentemente utili se vuoi evitare conflitti.

Being able to speak each other's language is overrated. By expressing less, we have little opportunity to be verbally hurtful.
Miscommunication also promotes meaningful interactions between cultures.
Japanese people don't like expressing their feelings, whilst foreigners want everything out in the open.
Language barriers can be surprisingly convenient when wanting to avoid confrontations.

Essere in grado di parlare la lingua dell'altro è sopravvalutato. Esprimendo meno, abbiamo poche opportunità di essere verbalmente offensivi.

La cattiva comunicazione promuove anche l'interazione tra culture diverse.
Ai giapponesi non piace esprimere i propri sentimenti, mentre gli stranieri vogliono mostrare tutto in publico.
Le barriere linguistiche possono essere sorprendentemente convenienti quando si vuole evitare il confronto.

12
Friends of Japanese partners outwardly pretend to be supportive of an international relationship.

Gli amici del mio partner giapponese sono superficialmente favorevoli alle relazioni internazionali.

Many friends of Japanese partners will outwardly claim to be supportive of an international relationship.
These friends often feel entitled to give relationships advice even if their relationships are disastrous.
The foreigner will need to be prepared for sabotage attempts and intrusive comments.
The need for gossip is understandable as Japanese daily life is overly structured, so they look for entertainment wherever it may be found.
Gossip of any kind is despised in many foreign countries as it can destroy relationships.

Molti amici di partner giapponesi affermeranno superficialmente di sostenere una relazione internazionale.
Questi amici spesso si sentono in diritto di dare consigli sulle relazioni anche se le loro relazioni sono disastrose.

Lo straniero dovrà essere preparato a tentativi di sabotaggio
e commenti invadenti sulla propria relazione.
La necessità di pettegolezzi è comprensibile poiché la vita
quotidiana giapponese è eccessivamente strutturata;
quindi, cercano intrattenimento ovunque si possa trovare.
I pettegolezzi di qualsiasi tipo sono disprezzati in molti paesi
stranieri in quanto possono distruggere le relazioni.

13

Public kissing should be undertaken with caution.
I baci in pubblico dovrebbero essere intrapresi con cautela.

Kissing in public in Japan is tabù.
People will remark upon it as it is in fact exhibitionism.
That said the Japanese secretly crave this very strange international display of affection.
Public kissing should be undertaken with caution.
Do not startle your Japanese partner by kissing them in public or around teenagers.

Baciarsi in pubblico in Giappone è tabù.
La gente lo noterà perché in realtà è esibizionismo.
Detto questo, i giapponesi bramano segretamente questa stranissima manifestazione internazionale di affetto.

I baci pubblici dovrebbero essere intrapresi con cautela.
Non spaventare il tuo partner giapponese baciandolo in pubblico o in presenza di adolescenti.

14

Japanese men often treat Japanese women like naughty children.

Gli uomini giapponesi spesso trattano le donne giapponesi come bambine monelle.

Japanese men often treat Japanese women like naughty children.
This is a practice that Japanese women encourage as it is considered a form of intimacy between couples.
As a result, foreign women must be prepared to be treated like babies when conversing with males, within Japanese society, and must learn to enjoy being scolded as if by a parent.
If a foreign woman does not like being treated like a baby by men, then why come to Japan?

Gli uomini giapponesi spesso trattano le donne giapponesi come bambine monelle.
Questa è una pratica che le donne giapponesi incoraggiano in quanto è considerata una forma di intimità tra le coppie.

by

Aurora Mizutani

Di conseguenza, le donne straniere devono essere preparate a essere trattate come bambine quando conversano con i maschi, all'interno della società giapponese e devono imparare a godere di essere rimproverate come da un genitore.
Se alla donna straniera non piace essere trattata come una bambina dagli uomini allora perché venire in Giappone?

by
Aurora Mizutani

コロナ前後の日本での生活

Life in Japan before and after Covid

La vita in Giappone prima e dopo il Covid

by
Aurora Mizutani

15

If you can't take it with you when you die it doesn't truly belong to you and it's meant to be shared.
Se non puoi portarlo con te quando muori, in realtà non è tuo ed è pensato per essere condiviso.

Wishing that foreigners return to their country does not mean they will leave.

Also, directly expressing your wish for a foreigner to leave the country will be fruitless.

Whilst Japanese natives can be extremely accommodating, Japan may not fully understand worldly hospitality laws toward travellers.

Most countries understand the nature of patriotism, yet they take a more realistic attitude to the concept of land partitioning on the earth.

The general understanding is that if you can't take it with you when you die, it doesn't truly belong to you, and it's meant to be shared.

Desiderare che gli stranieri tornino nel loro paese non porterà a farli andare via.
Inoltre, esprimere direttamente il tuo desiderio che uno straniero lasci il paese sarà inutile.
Sebbene i nativi giapponesi possano essere estremamente accomodanti, il Giappone potrebbe non avere una piena comprensione delle leggi mondane sull'ospitalità nei confronti dei viaggiatori.
La maggior parte dei paesi comprende la natura del patriottismo; tuttavia, assume un atteggiamento più realistico nei confronti del concetto di spartizione della terra sulla terra.
La comprensione generale è che se non puoi portare qualcosa con te quando muori, non ti appartiene veramente ed è pensato per essere condiviso.

16

As a result of the coronavirus pandemic, older Japanese people are no longer as eager to approach random foreigners.
A causa della pandemia di coronavirus, i giapponesi più anziani non sono più desiderosi di avvicinarsi a stranieri sconosciuti.

As a result of the coronavirus pandemic, older Japanese people are no longer as eager to approach random foreigners.
The foreigner should bear in mind that if they feel unknown Japanese people approaching, feigning a cough whilst wearing a mask will deter the Japanese from continuing their approach.

by
Aurora Mizutani

A causa della pandemia di coronavirus, i giapponesi più anziani non sono più desiderosi di avvicinarsi a stranieri casuali.
Lo straniero dovrebbe tenere presente che se sente avvicinarsi dei giapponesi sconosciuti, fingere di tossire mentre indossa una maschera scoraggerà i giapponesi dal continuare il loro avvicinamento.

by
Aurora Mizutani

17

The 21st-century concept of one race (humans) and one land doesn't only apply to territories.

Il concetto del XXI secolo di una razza (umana) e una terra non si applica solo ai territori.

The concept of one race (humans), and one land doesn't only apply to territories.
In the last century, this understanding has prevented many countries from pointless quarrelling with one another.
Instead of bickering over petty land sovereignty, they aim to prosper by learning from each other.

Il concetto di una razza (umani), e di una terra non si applica solo ai territori.
Nel secolo scorso, questa comprensione ha impedito a molti paesi di litigare inutilmente tra loro.
Invece di litigare sulla piccola sovranità fondiaria, hanno mirato a prosperare imparando gli uni dagli altri.

18
The nature of the work routine makes the work relatively easy and predictable.
La natura delle routine di lavoro rende il lavoro relativamente facile e prevedibile.

Foreigners working in Japan should consider leaving their individuality at the border.
Japan is a well-oiled machine that enables the natives to work automatically, without the need for independent thinking.
The Japanese are generally content with the status quo.
The notion of routine makes the work relatively easy and predictable.
Foreigners are required to adapt.

Otherwise, what is the point of wanting to work in Japan?

Gli stranieri che lavorano in Giappone dovrebbero considerare di lasciare la propria individualità al confine.
Il Giappone è una macchina ben oliata che consente ai nativi di lavorare automaticamente senza bisogno di un pensiero indipendente.
I giapponesi sono generalmente soddisfatti dello status quo.
La natura delle routine di lavoro rende il lavoro relativamente facile e prevedibile.
Gli stranieri devono adattarsi.
Altrimenti che senso ha voler lavorare in Giappone?

19
Foreigners working in Japan should not get involved in office politics.

Gli stranieri che lavorano in Giappone non dovrebbero essere coinvolti nella politica dell'ufficio.

Japan's lack of flexibility in the workplace, prevents innovation and is an outdated system, but the implementation of work routine makes the work relatively easy and predictable.

Foreigners working in Japan should not get involved in office politics.

When asked to take sides, foreigners should state that they do not speak the language and plead ignorance.

La mancanza di flessibilità sul posto di lavoro in Giappone impedisce l'innovazione ed è un sistema obsoleto, ma la l'implementazione della routine lavorativa rende il lavoro relativamente facile e prevedibile.

Gli stranieri che lavorano in Giappone non dovrebbero lasciarsi coinvolgere nelle questioni gestionali e politiche di lavoro.

Quando viene chiesto di prendere posizione, gli stranieri dovrebbero dichiarare di non parlare la lingua e dichiarare l'ignoranza.

20
A sensible foreigner will feel the change in the atmosphere around Japanese people.
Uno straniero sensibile sentirà il cambiamento nell'atmosfera intorno ai giapponesi.

A sensible foreigner will feel any change of atmosphere around Japanese natives.

If this phenomenon occurs the foreigner has somehow overstepped the mark.

The foreigner should not expect an explanation from the Japanese as to how he may have inadvertently offended.

The foreigner however can rest assured that his mistake will be widely gossiped about amongst the Japanese natives.

Uno straniero ragionevole sentirà qualsiasi cambiamento di atmosfera intorno ai nativi giapponesi.
Se si verifica questo fenomeno lo straniero ha in qualche modo oltrepassato il limite.
Lo straniero non dovrebbe aspettarsi una spiegazione dai giapponesi su come abbia inavvertitamente offeso.
Lo straniero, tuttavia, può star certo che il suo errore sarà oggetto di pettegolezzi tra i nativi giapponesi.

21
Hikikomori is the modern-day Japanese recluse.
Hikikomori è il recluso giapponese moderno.

Hikikomori is the modern-day Japanese recluse.
This condition may result from trauma, brought about by being subjected to intrusive questions from compatriots or prolonged exposure to Japanese bureaucracy.

Hikikomori, sono i reclusi giapponesi moderni.
Questa condizione può essere il risultato di un trauma causato dall'essere sottoposto a troppe domande invadenti da parte dei connazionali, o da una prolungata esposizione alla burocrazia giapponese.

70 Guide to being a tourist in Japan in the 21st Century
by
Aurora Mizutani

About the Author

Aurora Mizutani, born Dupelola Osaretin Ajala is the daughter of Olabisi Ajala.

Aurora Mizutani graduated from the London Metropolitan University and is an alumna of Kansai Gaidai University.

Aurora Mizutani is an accomplished author, with several published books to her credit.